AF384660

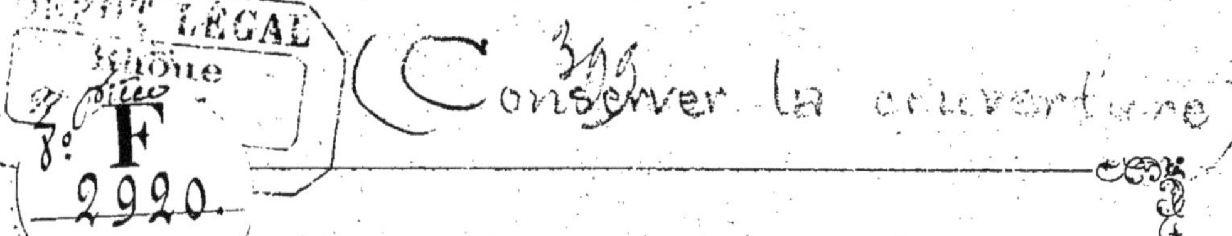

DE LA

POSSIBILITÉ D'EMPRUNTER

SUR UN

FONDS DE COMMERCE

PAR

J. PATRICOT

Licencié en Droit.

AVOUÉ au Tribunal Civil de Lyon. — AGRÉÉ au Tribunal de Commerce.

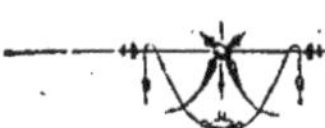

LYON

LIBRAIRIE A. THORINAUD

8, Rue du Peyrat et Rue du Plat, 17, 19 et 28

—

1898

DE LA

POSSIBILITÉ D'EMPRUNTER

SUR UN FONDS DE COMMERCE

Il est actuellement jugé par les Tribunaux, d'une manière définitive semble-t-il, qu'un fonds de commerce peut faire l'objet d'un nantissement au profit d'un créancier, qui devient ainsi gagiste, et, par suite, le cas échéant, privilégié sur le produit de la vente dudit fonds.

Dès lors, s'ouvrent aux Commerçants des horizons nouveaux.

De cette théorie juridique, sinon nouvelle du moins définitivement consacrée, naissent des facilités nouvelles pour les Commerçants, libres désormais d'emprunter sur leur fonds de commerce, soit pour parer aux inconvénients d'une situation obérée, soit pour accroître leurs moyens d'action et développer une entreprise en voie de prospérité.

Les résultats de cette théorie en peuvent être très féconds soit aux emprunteurs, pour les moyens d'action qu'elle leur procure, soit aux prêteurs pour le placement de fonds qu'elle engendre.

C'est une source nouvelle ou du moins inusitée de crédit et par suite digne d'attention et d'encouragement parce qu'elle est susceptible de donner un nouvel essor au commerce et d'apporter un nouvel élément d'activité à la vie des affaires.

Tel qui sous l'empire d'une gêne momentanée, due ou à une passe commerciale difficile ou même à un accroc financier, ne savait à quel parti se résoudre, pourra désormais se soutenir et finalement se sauver.

Tel autre, au contraire, en voie de progrès, d'amélioration, ayant des conceptions commerciales ou industrielles impraticables faute de capitaux, pourra réaliser ses idées, augmenter sa puissance d'action, engendrer des entreprises nouvelles, grandir et prospérer en un mot.

Le Crédit est un facteur d'une importance capitale dans la vie commerciale d'un pays.

Le commerce vit de Crédit.

Tout élément nouveau de crédit est donc un contingent précieux.

Et il serait opportun de voir celui provenant de la mise en gage d'un fonds de commerce encouragé, développé, multiplié.

Historique de la question. — Variations de la jurisprudence. — Causes de ces variations.

En matière de nantissement, la jurisprudence s'est toujours prononcée — puisque la loi en fait une obligation stricte dans l'article 2076 du Code civil — pour la nécessité d'une **tradition matérielle** de l'objet à mettre en gage.

En matière de mise en nantissement d'un fonds de commerce, la jurisprudence a subi des variations, peu nombreuses assurément, mais, sinon inquiétantes, du moins tenaces.

Ces variations avaient pour cause une confusion juridique:

1º Sur l'objet du gage;
2º Sur la nature juridique d'un fonds de commerce.

Ce qui fait l'objet du gage, c'est une créance toute mobilière et personnelle: c'est une créance de jouissance. Or, on s'obstinait à considérer que l'objet du gage était l'**immeuble** lui-même, alors qu'en vérité c'était une **créance de jouissance** de l'immeuble. L'objet du gage, c'est non l'immeuble, mais le **droit à la jouissance** de l'immeuble.

Quant à la nature juridique d'un fonds de commerce, elle a parfois donné lieu à des théories erronées, qui faisaient impression, mais que la Cour de Cassation a constamment réprouvées.

Que le droit au bail soit un meuble incorporel, disait-on ; possible, mais il n'est pas le **seul** élément d'un fonds de commerce; par conséquent, il ne peut à lui seul imprimer son caractère à l'ensemble de ces éléments ; il ne peut communiquer à l'ensemble son caractère personnel.

La Cour de Cassation répond :

Le fonds de commerce constitué par l'exploitation d'un hôtel meublé forme une universalité juridique d'éléments divers, dont les uns, le matériel et le mobilier, sont des meubles corporels, et dont les autres, le titre, l'achalandage, le droit au bail, ont le caractère de meubles incorporels. Articles 528 et 529 du Code civil. Dans cette universalité juridique, c'est l'enseigne, l'achalandage, et le droit au bail, qui jouent le rôle prépondérant : le mobilier proprement dit n'étant que l'**instrument de son exploitation.**

A vrai dire, la Cour de Lyon a bien prétendu que dans le cas ou un débiteur remet en natissement à son créancier un droit au bail, un droit à l'occupation de l'immeuble, le nantissement n'est pas valable si le débiteur reste en possession de l'immeuble.

« C'est à tort, disait-elle, qu'on prétend que le nantissement ne consistait qu'en un droit incorporel, le droit au bail, et que, dès lors, il y avait dessaisissement du débiteur, et tradition régulièrement faite aux créanciers gagistes, par la remise de l'acte de bail qui formait le titre ; ce système blesse les principes évidents en matière de nantissement ; il ne peut y avoir création du privilège, résultant du nantissement, que par un dessaisissement du débiteur, propre à avertir les tiers que la chose, objet du nantissement, a cessé d'être au nombre des biens faisant le gage commun des créanciers ; autrement la foi publique serait trompée et le crédit privé pourrait reposer sur une base fausse et frauduleuse ; des conséquences dommageables trouveraient à se produire, si un bail pouvait être remis à titre de nantissement sans que le locataire perdit la possession des lieux loués ; la possession que l'article 2076 a eu en vue, pour instituer le gage, doit alors consister dans l'abandon que le débiteur fait au créancier gagiste de la jouissance de la chose louée ; c'est cette possession extérieure et corporelle que la loi exige pour le nantissement. toutes les fois qu'elle est possible, conformément à la définition générale de la possesion donnée par l'article 2228 du Code Napoléon et il ne s'agit point en pareille matière des dispositions qui règlent la délivrance des créances ou des droits incorporels. »

Mais déférée à la Cour suprême cette décision a été cassée.

Le droit au bail d'un immeuble est susceptible de nantissement. Mais, exiger, pour la validité de ce nantissement, que le créancier soit mis en possession non pas seulement de **l'acte de bail**, et, par exemple, de la grosse du bail, si un acte notarié a été dressé, mais encore de la **jouissance même de l'immeuble** qui fait l'objet du bail, serait évidemment une erreur.

« Dans le nantissement d'un droit au bail, soutenaient les demandeurs en cassation, ce qui fait l'**objet du gage**, c'est une créance toute mobilière et personnelle, c'est une créance de jouissance. Or, le privilège résultant du nantissement d'une créance ou de toute autre chose incorporelle, est subordonné à la remise du titre de la créance entre les mains du créancier nanti, ou en celles d'un tiers. Lorsque le nantissement porte sur un bail à loyer, il suffit donc, indépendamment de la signification de l'acte au bailleur, que le titre constitutif du bail soit remis au créanciers ou à un tiers. — Vainement la Cour de Lyon argumente-t-elle de l'intérêt des tiers, qui seraient trompés, dit-elle, si rien ne les avertissait que la chose, objet du nantissement, a cessé d'être au nombre des biens faisant le gage commun des créanciers. En effet, ce qui prévient les tiers du nantissement d'un meuble incorporel, c'est la signification de l'acte au débiteur de la créance donnée en gage. Les tiers peuvent être avertis par le débiteur que cette créance est affectée d'un privilège, qui crée à leur égard une cause légitime de préférence. — Peu importe que le débiteur reste en possession de la chose louée ; car la durée du bail et ses conditions, c'est-à-dire tout ce qui peut donner de l'importance au droit au bail est révélé au tiers, non par la possession des lieux loués, mais par la lecture de l'acte de bail lui-même. Le débiteur ne peut donc faire reposer son crédit sur ce bail qu'autant qu'il le produira. Par conséquent, le bail ne doit plus être considéré comme un des éléments de la solvabilité du débiteur, dès qu'il s'en est dessaisi au profit de l'un de ses créanciers. Pleine satisfaction est, dès lors, donnée par ce dessaisissement, aux prescriptions de l'article 2076, malgré la conservation d'un possession précieuse pour le débiteur, puisque, sans la jouissance des lieux loués, il ne pourrait plus exploiter son commerce ou son industrie, insignifiante pour les tiers, puisque la prudence leur commande de se faire représenter l'acte même du bail, si, avant de contracter avec le débiteur, ils veulent connaître la valeur de cette portion de son actif. »

La Cour de Cassation a statué en ces termes :

« Attendu qu'un bail à loyer peut être donné en nantissement comme tout autre droit incorporel et conférer un privilège au créancier, pourvu que ce nantissement soit constaté et signifié selon les formes prescrites par les articles 2074 et 2075 du Code Napoléon ;

« . . . .

« Attendu que si l'article 2076 du même Code dispose que le privilège ne subsiste sur le gage qu'autant que ce gage a été mis et est resté en la possession du créancier ou d'un tiers convenu entre les parties, cette disposition, quant aux droits incorporels, reçoit son exécution par la remise du titre constitutif du droit et par la signification au débiteur, signification qui a pour effet de saisir le créancier non seulement à l'égard de ses débiteurs, mais encore à l'encontre des tiers, d'après les principes consacrés par les articles 1689, 1690 et 2075 du même Code. »

Le Tribunal de commerce de la Seine était allé plus loin encore que la Cour de Lyon.

En 1866, non seulement il émettait l'opinion que si le débiteur a continué à occuper les lieux, dans lesquels s'exploite le fonds remis en nantissement, il n'y a pas eu tradition effective de l'objet donné en nantissement, conformément à l'art. 2076 du Code civil; mais encore il déniait au commerçant le droit de donner en nantissement le droit au bail des lieux ou il exerçait son industrie.

« Un commerçant ne saurait, disait-il, valablement donner en nantissement le droit au bail des lieux ou il exerce son industrie: parce que ce droit constitue le gage commun et apparent des créanciers ; qu'il engendre la foi des tiers et qu'il ne peut dépendre d'un acte resté sans publicité, et que les tiers ont forcément ignoré, de distraire ce droit de l'actif de la masse des créanciers. »

Et il concluait à la nullité du nantissement constitué dans ces conditions.

Mais, là encore, la théorie a échoué. La Cour de Cassation a répondu « qu'il n'y avait point d'autre question à décider que celle de savoir s'il est vrai, comme l'avaient pensé les premiers juges, que le nantissement dut être annulé, soit parce qu'il n'y aurait pas eu tradition effective de l'objet donné en gage, soit parce qu'un commerçant ne saurait donner en gage le droit au bail des lieux ou il exerce son industrie;

« Considérant, dit la Cour de Cassation, que le droit au bail constitue un meuble purement incorporel, et qu'aux termes de l'article 2075 le nantissement sur les meubles incorporels s'établit par un acte, public ou sous-seing privé, enregistré et signifié au débiteur ; que, cette double formalité ayant été remplie dans l'espéce, le nantissement a été régulièrement formé; que dénier aux commerçants, le droit de donner en nantissement le bail des lieux où ils exercent leur négoce, c'est créer une indisponibilité de biens qui ne résulte d'aucune loi, et ajouter arbitrairement, en matière de faillite, une cause de nullité à celles qui sont édictées par les articles 446 et suivants du Code de commerce ; — infirme..... »

Les seules variations suivies par la jurisprudence, dans la

période courue de 1850 à nos jours, en ce qui concerne le nantissement d'un fonds de commerce avec tous les éléments qui le composent et principalement le droit à la jouissance des lieux loués, proviennent donc : de ce qu'on s'obstinait à considérer que l'objet du gage était l'immeuble lui-même alors qu'en vérité l'objet du gage est, non l'immeuble, mais le droit à la jouissance de l'immeuble ; du caractère attribué à un fonds de commerce, qu'on considérait autrefois comme non susceptible de tradition matérielle, alors qu'aujourd'hui, analysant mieux et plus exactement sa nature juridique, on la juge **une universalité**, un **ensemble indivisible**, un meuble incorporel susceptible de tradition, aux termes de l'art. 1607 du Code civil, soit par la remise des titres, soit par l'usage qui en est fait du consentement du propriétaire.

Aucun doute ne pouvait donc subsister sur la question, étant donnée la jurisprudence de la Cour de Cassation et les diverses raisons qu'elle avait déduites dans ses divers arrêts.

La **législation** vient de faire mieux encore. Elle a coupé court à toute discussion en promulgant le 1er mars 1898 la loi dont suit la teneur :

LOI modifiant l'article 2075 du Code civil.

Le Sénat et la Chambre des Députés ont adopté,

Le Président de la République promulgue la loi dont la teneur suit :

Article unique. — L'article 2075 du Code civil est ainsi complété :

« Tout nantissement d'un fonds de commerce devra, à
« peine de nullité vis-à-vis des tiers, être inscrit sur un
« registre public tenu au greffe du Tribunal de commerce
« dans le ressort duquel le fonds est exploité. »

BIBLIOGRAPHIE

D. A. V° **Nantissement**, n° 70. « Quant aux choses mobilières incorporelles, telles que les créances, les dettes actives, Pothier niait qu'elles fussent susceptibles du contrat de nantissement, par le motif qu'elles n'étaient pas susceptibles d'une tradition réelle, qui est de l'essence de ce contrat. Mais cette opinion étroite n'a point prévalu.....»

N° 119. « Après avoir traité des formes extrinsèques de la constitution du gage, c'est-à-dire des formalités même de l'acte qui en sont, pour ainsi dire, la manifestation extérieure, il reste à examiner les conditions intrinsèques dont la validité de cette constitution dépend en soi. — A cet égard, il résulte d'abord des termes mêmes de l'article 2076 du Code civil que « dans tous les cas, le privilège ne subsiste sur le gage qu'autant que ce gage a été mis et est resté en la possession du créancier, ou d'un tiers convenu entre les parties. » Voilà l'un des caractères essentiels que l'on a assigné plus haut au contrat de gage. On comprend, au reste, que le législateur ait ainsi considéré la possession comme indispensable à l'établissement et à la conservation du privilège du gagiste, puisque ce n'est point là un privilège qui résulte de la **qualité même** de la créance, mais bien une préférence qui n'est fondée que sur la **possession** de la chose. C'est à cette nécessité de la mise en possession que se référaient les juriconsultes romains pour expliquer, l'étimologie même du mot Pignus, et aussi pour distinguer le gage proprement de de l'hypothèque, qui pouvait également s'établir sur les choses mobilières.

« La disposition spéciale de l'article 2076 qui fait ainsi dépendre le privilège du gagiste du fait de l'acquisition et de la possession est, en particulier, fort logique dans le droit français, qui rattache au même fait l'acquisition de la propriété même des choses mobilières, en vertu de la maxime qu'il consacre dans l'article 2279 : « En fait de meubles, possession vaut titre. » Il est sensible, d'autre part, que si le nantissement des choses mobilières pouvait, sans qu'il y eut remise de la possession, produire des effets à l'égard des tiers, il serait la source de bien des fraudes et de bien des simulations. Il y a moins à craindre à cet égard, du moment que le débiteur est obligé de se dessaisir de l'objet donné en gage, et qu'il ne peut plus tromper les tiers avec lesquels il voudrait traiter, en laissant subsister dans son patrimoine un objet déjà engagé dont il se ferait, à leur préjudice, un moyen trompeur de crédit. »

N° 120. « Il a été jugé, d'après les mêmes principes, que le droit de gage consenti par un débiteur sur son fonds de commerce, est sans effet s'il en continue lui-même l'exploitation. Paris, 26 juillet 1851, affaire Alliard. D. P. 52. 2. 248. »

N° 144. Mais il a été jugé que le droit à un bail peut, comme tout droit incorporel, être l'objet d'un nantissement, pourvu qu'il y ait accomplissement des formalités prescrites par les articles 2075 et 2076 Code Napoléon, qu'ainsi un bail qui n'est pas encore en cours d'exécution et que le locataire s'est réservé de céder sans avoir besoin de l'autorisation du propriétaire, a été valablement remis en gage à un créancier, si les droits en résultant lui ont été transportés en garantie par acte public signifié au bailleur. Paris, 26 février 1852, affaire Trouvé-Chauvel, D. P. 53. 2. 15. — On doit, au reste, reconnaître que les objections faites par l'arrêt cité au numéro précédent à la mise en gage d'un numéro de boulangerie, et qui consistaient dans l'impossibilité d'accomplir la formalité du dessaisissement, ne peuvent se présenter ici : car, en se faisant remettre le bail, et en signifiant au propriétaire la convention de gage, le créancier gagiste a enlevé au locataire toute possibilité d'user de la faculté de sous-louer : il a de plus, à défaut de paiement, tous les moyens de réaliser le gage et de traiter lui-même de la sous-location, ce qui le met à même d'appliquer les bénéfices de cette opération, à l'extinction de sa créance.

JURISPRUDENCE

D. P. 52. 2. 218. C. de Paris, 3e ch.. 26 juillet 1851. — Le numéro ou permission de police nécessaire à la profession de boulanger, étant une faculté purement personnelle, et, comme telle, non susceptible de tradition, ne saurait faire l'objet d'un nantissement. Code civil 2071, 2076.

Le droit de gage consenti par un débiteur sur son fonds de commerce, est sans effet, s'il en continue lui-même l'exploitation. Code civil 2070.

Arrêt.

Syndic Alliard contre Mainot.

La Cour . . . .

En ce qui touche la prétention de Mainot frères résultant de la convention au moyen de laquelle ces derniers auraient acquis un privilège sur un numéro donnant droit à l'exercice de la boulangerie, et par suite, sur le fonds de commerce et l'achalandage en dépendant : Considérant, en droit, que les seuls objets susceptibles d'être remis en gage sont ceux qui peuvent être transmis entre les mains du gagiste ou d'un tiers convenu entre les parties ; qu'il est de l'essence de ce contrat que cette tradition soit effectuée et que le débiteur soit dessaisi ; que ces principes ne peuvent trouver leur application au cas dont il s'agit ; qu'en effet, le numéro ou la permission de police nécessaire pour l'exercice de l'industrie ne constitue qu'une faculté purement personnelle, dont le titulaire en exercice ne peut être un instant dessaisi ; que, dans l'espèce, cette permission est toujours restée aux mains d'Alliard qui la présente ; que les significations de la convention relative au gage, faites, soit au Préfet de police, soit au syndicat de la boulangerie, font indication seulement de la volonté de transmettre, mais ne sauraient équivaloir à une tradition même symbolique.

Que, s'il en est ainsi de la permission délivrée par l'autorité et qu'elle a toujours le droit de révoquer, selon les nécessités de l'intérêt public, il ne saurait être fait une appréciation différente du principe de la matière en ce qui touche le fonds de commerce ou l'achalandage qui, selon les prétentions de Mainot frères et de Crosnier, feraient, par l'effet du nantissement du numéro, également l'objet du gage ; — Qu'à l'égard de ces valeurs, le contrat de gage ne peut non plus s'effectuer valablement, puisque l'industrie, comme dans l'espèce, n'a pas cessé d'être aux mains du débiteur et exercée par lui.

Que le contrat manque donc des conditions de dépossession qui sont les éléments du privilège...... ; par ces motifs, infirme ;

D. 59. I. 167. Cass., 13 avril 1859.

Le nantissement qui a pour objet un bail à loyer est uniquement subordonné à la remise au créancier gagiste du titre constitutif du bail, et à la signification de l'acte de nantissement au bailleur : il n'est pas nécessaire que la jouissance de l'immeuble soit livrée au créancier. Code Napoléon, 2075.

La partie qui, en première instance et en appel, s'est bornée à demander la nullité du nantissement d'un bail à loyer, faute de délivrance au créancier de la jouissance de l'immeuble loué, ne peut soutenir pour la première fois, devant la Cour de Cassation, que le bail donné en nantissement présentait tous les caractères d'un bail emphithéotique non susceptible, à raison de son caractère du droit immobilier de faire l'objet d'un nantissement.

— De Chaussergue-Dubord contre faillite Vollot. —

Par acte notarié du 18 février 1855, le sieur Vollot, limonadier, s'engagea envers le Préfet du département du Rhône à faire construire à ses frais, sur la place Bellecour, à Lyon, un pavillon dont la ville de Lyon lui concéderait la jouissance pendant cinquante ans, à titre de bail à loyer, moyennant un prix de location de 3.000 fr. par an. A l'expiration du bail, le sieur Vollot ou ses héritiers devaient remettre ce pavillon à la ville, sans indemnité d'amélioration. Il était interdit au locataire de sous-louer sans l'autorisation de la Ville.

Le sieur Vollot s'adressa au sieur Chaussergue-Dubord et à divers autres entrepreneurs pour la construction du pavillon, et, afin d'assurer le paiement du prix de leurs travaux, prix évalué à 87.787 fr. 90 sauf augmentation ou diminution, il déclara leur remettre son bail en nantissement, suivant acte authentique du 19 novembre 1855. La grosse de l'acte de bail fut annexée à l'acte de nantissement, et les deux actes demeurèrent entre les mains du notaire. De plus, cet acte de nantissement fut signifié au Préfet du Rhône, représentant de la ville de Lyon, bailleresse, puis publié dans le journal le *Salut Public* de Lyon, journal désigné pour la publication des annonces judiciaires, civiles et commerciales.

Après l'achèvement du pavillon, où le sieur Vollot établit un restaurant, les entrepreneurs n'ayant pas été payés du montant de leurs travaux, poursuivirent la vente de ce pavillon ainsi que du droit au bail concédé au sieur Vollot par l'administration, sauf l'approbation de celle-ci, pour être payés par privilège sur le prix à provenir de l'adjudication.— Les autres créanciers du sieur Vollot qui venait d'être déclaré en faillite, contestèrent ce privilège en se fondant sur ce que l'acte de nantissement n'avait pas été suivi, conformément à l'article 2076, Code Napoléon, de l'abandon aux créanciers gagistes de la possession même du pavillon qui faisait l'objet du bail donné en nantissement. — Les sieurs Chaussergue-Dubord répondirent que la remise de la grosse du bail, suivie de signification du nantissement au bailleur, débiteur du droit de jouissance donné en gage, avait complètement satisfait aux exigences de l'article 2076.

Un jugement du Tribunal civil de Lyon, du 15 juillet 1857, décida que le privilège avait été régulièrement constitué, par les motifs suivants :

« Attendu que ce n'est pas le pavillon même de la place Louis-le-Grand qui a pu être l'objet du nantissement consenti par Vollot en faveur de Dubord et consorts, puisque ce pavillon appartient à la ville ; que c'est seulement **le droit d'occuper** ce pavillon qui a été l'objet du traité, et que c'est uniquement à ce point de vue que la validité du nantissement est examinée ; — Attendu que si, dans l'antiquité, les choses corporelles ont été comme pouvant seules être l'objet d'un nantissement, parce qu'elles sont seules susceptibles d'une véritable tradition, il était admis dès le second âge de

la jurisprudence romaine, et sous l'influence du droit prétorien, que le nantissement pouvait s'appliquer même aux
choses incorporelles, et Caius avait pu dire d'une manière
générale, que tout ce qui peut être vendu ou cédé, peut être
donné en nantissement : *Quod emptionem venditionemque
recipit etiam pignorationem recipere potest. —* L. 9. § I, *De
pignoribus et hypothecis : —* Attendu que le Code Napoléon,
confirmant en cela la jurisprudence des Parlements, a formellement consacré dans l'article 2075 la faculté de donner
en gage les meubles incorporels comme les meubles corporels ; que le législateur a organisé, pour la transmission des
créances, un mode de tradition équivalant pour les choses
incorporelles à la tradition d'icelles ; que ce mode consiste
sans exception : 1º dans la remise du titre constitutif de la
créance cédée — article 1689, C. Napoléon ; — 2º dans la signification de la cession au débiteur de la créance cédée,
articles 1690, 2075 ; — Attendu que cette double condition
de la régularité du nantissement comme d'une cession
pure et simple, a été remplie. dans la cause, le bail,
titre constitutif du droit à l'occupation du pavillon, ayant
été remis aux mains d'un dépositaire, et le contrat de
nantissement ayant été signifié à M. le Sénateur chargé de
l'administration du département et de la ville. — Attendu
qu'on objecte en vain que Vollot est resté, après le contrat
de nantissement, en possession du pavillon loué par la ville ;
que cette objection n'aurait de force qu'autant que le nantissement eût porté sur le pavillon lui-même ; qu'elle est sans
valeur du moment que l'objet réel du nantissement a été le
droit d'occuper le pavillon à titre de bail, droit incorporel
qui n'a pu être l'objet d'aucune autre tradition que celle qui
s'est opérée par l'accomplissement des formalités susrappelées ; que, par l'effet du nantissement, la possession de Vollot a changé de nature, n'a plus été que précaire à l'égard
des créanciers nantis du droit d'occuper les lieux, ou de les
faire occuper par le concessionnaire définitif du bail ; —
Attendu qu'une autre objection a été tirée de ce que, d'après
les clauses du bail passé par la ville à Vollot, ce bail ne pouvait être cédé sans l'approbation de l'administration municipale, mais qu'il importe d'apprécier la portée de cette stipulation par laquelle l'administration s'est précédemment
réservé la faculté de n'admettre à l'exploitation du café-restaurant établi sur la place Louis-le-Grand, qu'une personne
qu'elle aurait agréée ; qu'une pareille réserve stipulée uniquement dans l'intérêt de la ville ne fait que rendre conditionnelle la cession qui serait faite du bail ; qu'il s'ensuit, non

pas d'une manière absolue, que Vollot n'a pu céder son droit de bail, mais seulement que la cession qu'il en a pu faire, et la substitution d'un nouveau preneur à l'ancien, ne seraient valables et définitives qu'autant que cette mutation aura été autorisée par l'administration municipale ; — Attendu que le contrat de nantissement dont les demandeurs se prévalent, étant reconnu valable, il y a lieu d'ordonner, conformément à l'article 2076, Code Napoléon, que le droit au bail du pavillon sera vendu aux enchères, tel qu'il existe, c'est-à-dire avec la condition que l'adjudicataire sera agréé par l'autorité municipale ; — Par ces motifs, déclare valable le nantissement consenti par Vollot, en faveur de Dubord et autres, du droit au bail du pavillon établi à l'ouest de la place Louis-le-Grand — Autorise, en conséquence, lesdits Dubord et consorts à faire procéder à la vente aux enchères publiques dudit droit au bail, devant Mᵉ Morand, notaire commis à cet effet, sur la mise à prix qui sera offerte par les poursuivants et sur un cahier des charges dressé par ledit notaire, et dans lequel il sera inséré la clause que l'adjudication sera subordonnée à la condition que l'adjudicataire aura été agréé par M. le Sénateur chargé de l'administration du département et de la ville, pour, sur le prix à provenir de la vente, les demandeurs être payés par privilège et préférence aux autres créanciers de Vollot.

Mais, sur l'appel des créanciers Vollot, arrêt de la Cour de Lyon, du 1ᵉʳ décembre 1857, qui infirme en ces termes : — « Considérant que par acte authentique du 16 novembre 1855, Vollot a remis en nantissement à Dubord, Fabisch et consorts, le pavillon qu'il occupait comme locataire, sur la place Bellecour, ainsi que le bail qui lui avait été passé par l'administration municipale ; que ce nantissement ainsi constitué a eu pour objet la chose louée par l'administration municipale à Vollot ; que d'après l'article 2076, Code Napoléon, la mise en possession des créanciers gagistes, c'est-à-dire la substitution de Dubord, Fabisch et consorts, à la jouissance des lieux loués, était essentielle à la validité du cautionnement ; que cette circonstance a manqué, puisque Vollot est demeuré en possession du pavillon loué sur la place Bellecour ; que, par conséquent, il n'y a pas eu de nantissement valable ; — Considérant que c'est à tort qu'on prétend que le nantissement ne consistait qu'en un droit incorporel, le droit au bail, et que, dès lors, il y avait dessaisissement du débiteur, et tradition régulièrement faite aux créanciers gagistes, par la remise de l'acte de bail qui formait le titre ; que ce système blesse les principes évidents en mantière de nantissement ; qu'il ne peut y avoir création du privilège résultant du nantissement que par un dessaisissement du débiteur, propre à avertir les tiers que la chose objet du nantissement a cessé d'être au nombre des biens faisant le gage commun des créanciers ; qu'autrement la foi publique serait trompée et le crédit privé pourrait reposer sur une base fausse et frauduleuse ; que ces conséquences dommageables trouveraient à se produire, si un bail pouvait être remis à titre de nantissement sans que le locataire perdit la possession des lieux loués ; que la possession de l'article 2076 a eu en vue, pour instituer le gage, doit alors consister dans l'abandon que le débiteur fait au créancier gagiste de la jouissance de la chose louée ; que c'est cette possession extérieure et corporelle que la loi exige pour le nantissement, toutes les fois qu'elle est possible, conformément à la définition générale de la possession donnée par l'article 2228, Code Napoléon, et qu'il ne s'agit point en pareille matière des dispositions qui règlent la délivrance des créances ou des droits incorporels ».

Pourvoi des sieurs Chaussergue, Dubord et consorts, pour violation des articles 2071, 2076, 1607 et 1689, C. Napoléon, en ce que l'arrêt attaqué, après avoir reconnu que le droit au bail d'un immeuble est susceptible de nantissement, exige, pour la validité de ce nantissement, que le créancier gagiste soit mis en possession non pas seulement de l'acte de bail, et, par exemple, de la grosse du bail, si un acte notarié a été dressé, mais encore de la jouissance même de l'immeuble qui fait l'objet de ce bail. — Dans le nantissement d'un droit de bail, dit-on, ce qui fait *l'objet du gage*, c'est une créance toute mobilière et personnelle, c'est une créance de jouissance. Or, le privilège résultant du nantissement d'une créance ou de tout autre chose incorporelle, est subordonné à la remise du titre de la créance entre les mains du créancier nanti, ou en celles d'un tiers. Lorsque le nantissement porte sur un bail à loyer, il suffit donc indépendamment de la signification de l'acte au bailleur, que le titre constitutif du bail soit remis au créancier ou à un tiers. Vainement la Cour de Lyon argumente-t-elle de l'intérêt des tiers, qui seraient trompés, dit-elle, si rien ne les avertissait que la chose, objet du nantissement, a cessé d'être au nombre des biens faisant le gage commun des créanciers. En effet, ce qui prévient les tiers du nantissement d'un meuble incorporel, c'est la signification de l'acte au débiteur de la créance donnée en gage. Les tiers peuvent être avertis par le débiteur que cette créance est affectée d'un privilège, qui crée à

leur égard une cause légitime de préférence. — Peu importe
que le débiteur reste en possession de la chose louée; car la
durée du bail et ses conditions, c'est-à-dire tout ce qui peut
donner de l'importance au droit au bail, est révélé au tiers,
non par la possession des lieux loués, mais par la lecture de
l'acte de bail lui-même. Le débiteur ne peut donc faire
reposer son crédit sur ce bail qu'autant qu'il le produira. Par
conséquent, le bail ne doit plus être considéré comme l'un
des éléments de la solvabilité du débiteur, dès qu'il s'en est
dessaisi au profit de l'un de ses créanciers. Pleine satisfaction est, dès lors, donnée par ce dessaisissement, aux prescriptions de l'article 2076, malgré la conservation d'une possession précieuse pour le débiteur, puisque, sans la jouissance des lieux loués, il ne pourrait plus exploiter son commerce ou son industrie, insignifiante pour les tiers, puisque
la prudence leur commande de se faire représenter l'acte
même du bail, si, avant de contracter avec ce débiteur, ils
veulent connaître la valeur de cette portion de son actif.

Les défendeurs ont répondu : Dans le gage des créances
ordinaires, la délivrance du titre et la signification de l'acte
de nantissement au débiteur de la créance donnée en gage
suffisent, sans doute, pour constituer le privilège du créancier gagiste. Mais il n'en saurait être de même dans le nantissement d'un bail à loyer. C'est là un contrat innomé qui
ne se comprendrait pas s'il avait simplement pour objet la
créance de jouissance résultant du bail, car dans le cas ou
un locataire voudrait se faire prêter de l'argent, en donnant
en gage son bail qu'il présenterait comme une créance contre
son propriétaire, on lui répondrait, à coup sûr, que le véritable
créancier, c'est le propriétaire et non pas le locataire. Pour
que le droit au bail puisse faire l'objet d'un contrat de nantissement, il faut donc qu'il se rattache à l'exploitation d'un commerce; cette exploitation ou la fiction commerciale qu'on
appelle l'achalandage, est la seule valeur qui soit, en réalité,
donnée en gage. Le gage n'est, dès lors, régulièrement constitué
que si l'exploitation du fonds de commerce établi dans les lieux
loués est livrée au créancier gagiste, pour empêcher que le
débiteur, continuant à servir sa clientèle comme par le passé.
ne garde une possession qui ne serait qu'une enseigne men-
songère destinée à attirer le crédit et à le tromper. Les
défendeurs ajoutent d'ailleurs que, dans l'espèce, le bail présentait tous les caractères d'un bail emphytéotique, c'est-à-
dire d'un droit réel immobilier, auquel ne pouvait s'appliquer le contrat de nantissement fait exclusivement pour les
choses mobilières.

Arrêt.

La Cour ; — Vu les articles 1607, 1689, 1690, 2074, 2075 et 2076, Code Napoléon ; — Attendu qu'un bail à loyer peut être donné en nantissement comme tout autre droit incorporel et conférer un privilège au créancier, pourvu que ce nantissement soit constaté et signifié selon les formes prescrites par les articles 2074 et 2075, Code Napoléon ; — Attendu qu'il résulte de l'arrêt attaqué que ces conditions ont été accomplies dans l'espèce ; — Attendu que si l'article 2076 du même Code, invoqué par l'arrêt attaqué, dispose que le privilège ne subsiste sur le gage qu'autant que ce gage a été mis et est resté en la possession du créancier ou d'un tiers convenu entre les parties, cette disposition, quant aux droits incorporels, reçoit son exécution par la remise du titre constitutif du droit et par sa signification au débiteur, signification qui a pour effet de saisir le créancier non seulement à l'égard de ce débiteur, mais encore à l'encontre des tiers, d'après les principes consacrés par les articles 1689, 1690 et 2075 du même Code ; — Attendu que, devant la Cour, les défendeurs ont proposé un moyen subsidiaire de nullité contre le nantissement dont il s'agit, moyen pris de ce que le bail présentait les caractères de l'emphytéose et constituait, à ce titre, un droit immobilier qui ne pouvait être donné en nantissement ; — Attendu que ce moyen nouveau, exclusif du moyen unique présenté en première instance et en appel, soulève des questions mélangées de fait et de droit qui ne peuvent être débattues pour la première fois devant la Cour ; — Attendu qu'en prononçant la nullité du nantissement par application de l'article 2076 et par le seul motif que le locataire n'avait pas, indépendamment de la remise de son bail et de sa signification, fait aussi la remise effective des lieux loués, l'arrêt attaqué a faussement appliqué et, par suite, violé les articles ci-dessus visés ; — Casse.

Du 13 avril 1859. Ch. civil, MM. Bérenger, président ; Lavielle, rapporteur ; De Marnas, 1er avocat général, contre conf. Fabre et Béchard, avocats.

Cour de Cassation. Chambre des requêtes du 6 mars 1861.

D. 61. 1. 417. Le nantissement ayant pour objet le droit au bail d'un immeuble s'opère, comme le nantissement de toute autre chose incorporelle, par la remise entre les mains du créancier de l'acte constitutif de ce droit et la signification du nantissement au bailleur : il n'est pas besoin que la possession de l'immeuble lui-même soit livrée au créancier.

Syndic Vollot, c. Chassergue-Dubord.

ARRÊT.

La Cour . . . .

Sur le 5e moyen, tiré d'une prétendue violation des articles 2075 et 2076 du Code Napoléon, en ce que l'arrêt attaqué aurait validé un contrat de nantissement, quoi qu'il n'eût pas été suivi de la prise de possession réelle par les créanciers de la chose donnée en gage ; — Attendu que si l'article 2076 exige pour assurer au créancier le bénéfice du privilège résultant du contrat de nantissement, que la chose donnée en gage lui ait été remise et soit restée en sa possession, les prescriptions de la loi sont, à cet égard, accomplies, lorsqu'il s'agit de droits incorporels, par la remise entre les mains du créancier des titres constitutifs de ces droits, et par la signification qui en est faite au débiteur ;

Et attendu, en fait, qu'en ce qui concerne le nantissement litigieux, toutes ces formalités ont été observées ; qu'ainsi c'est à bon droit que ce contrat a été déclaré valable ;

Qu'il suit de là que, à tous les points de vue, l'arrêt attaqué, loin d'avoir violé les dispositions de loi qu'invoque le pourvoi, en a fait au contraire une juste et saine application ;

Rejette....., etc.

Du 6 mars 1861. — Chambre des requêtes. — MM. Nicias-Gaillard, président ; D'Ubexi, rapporteur ; Blanche, avocat général, conc. conf. Béchard, avocat.

D. 67. 2. 10.

Le droit au bail des lieux dans lesquels un commerçant exerce son industrie est un meuble incorporel qui peut être donné en nantissement — Code Napoléon, 2075.

Ce nantissement est valable lorsqu'il a été constitué par un acte public ou sous-seing privé, enregistré et signifié au propriétaire des lieux loués.

..... Alors d'ailleurs qu'il y a eu dessaisissement de la part des locataires, soit par l'annexion du bail à la minute de l'acte de nantissement, 1re espèce, — soit par la remise dudit bail au créancier nanti, 2e espèce ; — Code Napoléon, 2076.

1re espèce : Syndic Girard contre Foucher.

Du 31 août 1865, jugement du Tribunal civil de la Seine, ainsi conçu : — « Attendu qu'aux termes d'un acte reçu, Pluche, notaire à Saint-Cloud, le 11 octobre 1862, Foucher est créancier de Prudhomme d'une somme de 50,000 francs remboursable au 15 octobre 1864 ; qu'à titre de garantie ledit Prudhomme lui a cédé, pour le temps qui en restait à courir, son droit au bail d'une boutique et autres localités dépendant d'une maison sise à Paris, boulevard des Italiens, 28, qui lui avait été consenti par Simon Roy, suivant acte sous-seing privé, enregistré à Paris le 16 octobre 1861 ; que ce transport a été dûment signifié à Roy, le 26 novembre suivant ; — Attendu que, par conventions postérieures, il y a eu règlement de compte et stipulation de termes de paiement, avec clause pénale d'exigibilité de la totalité de la dette en cas d'inexécution ; — Attendu que, sans qu'il soit besoin de relever les chiffres desdits comptes, qui résultent d'actes authentiques et que le Tribunal n'a point à fixer, il résulte des documents de la cause que Foucher est créancier de Prudhomme d'une dette liquide actuellement exigible, et que la réalisation des garanties données lui appartient ; — Attendu que, par convention spéciale, les époux Girard ont reconnu la validité et la force du transport des loyers dont il vient d'être question ; qu'ils sont donc mal fondés à le contester aujourd'hui et à continuer l'occupation des lieux ; — Par ces motifs, dit et ordonne que Trille, syndic de la faillite Girard, sera tenu de quitter les lieux, sinon autorise Foucher à l'expulser avec l'assistance du commissaire de police ; dit et ordonne qu'il sera procédé, à la requête de Foucher, à l'adjudication du droit au bail, jusqu'au 1er janvier 1875, de la boutique et autres localités dépendant de la maison sise à Paris, boulevard des Italiens, 28, pour le prix à provenir de ladite adjudication être attribué à Foucher en déduction et jusqu'à due concurrence de sa créance en principal, intérêts et frais. »

Appel par le syndic.

ARRÊT.

La Cour ; — Considérant que le droit à un bail peut être l'objet d'un contrat de nantissement comme tout autre droit incorporel ; que, dans l'espèce, il y a eu dessaisissement par Prudhomme du titre constatant le droit par lui transporté à titre de garantie, et qui, ainsi que le constate l'obligation reçue Pluche, notaire à Saint-Cloud, le 11 octobre 1862, est resté annexé à la minute ; qu'en outre, le transport à titre de garantie dont s'agit a été régulièrement signifié au propriétaire qui avait consenti le bail, objet du droit cédé et transporté ; — Adoptant au surplus les motifs des premiers juges, confirme, etc.

Du 11 avril 1866. — C. de Paris, 4ᵉ ch., MM. Tardif, présid.; Sallé, avocat général; c. conf. Masson et Colmet, avocats.

2ᵉ espèce : — Barbet et Guyard, contre Guillot, syndic.

Le Tribunal de commerce de la Seine avait rendu un jugement ainsi conçu : — « Attendu que, s'il est vrai que la grosse du bail a été remise au créancier nanti et la signification de l'acte faite au propriétaire de l'immeuble, il est néanmoins constant que Guillot n'a pas cessé de toucher le montant des loyers ; qu'il a continué à occuper pour ses ateliers et chantiers une notable partie des lieux ; qu'il n'y a donc pas eu tradition effective de l'objet donné en nantissement, conformément à l'art. 2076 C. Nap.; qu'en outre un commerçant ne saurait valablement donner en nantissement le droit au bail des lieux où il exerce son industrie ; que ce droit constitue le gage commun et apparent des créanciers ; qu'il engendre la foi des tiers, et qu'il ne peut dépendre d'un acte resté sans publicité et que les tiers ont forcément ignoré, de distraire ce droit de l'actif de la masse des créanciers ; qu'en conséquence il y a lieu de déclarer nul ledit nantissement, et d'ordonner la restitution de la grosse du bail entre les mains du syndic de la faillite Guillot, etc. »

Appel par les sieurs Barbey et Guyard.

ARRÊT

La Cour ; — en ce qui touche le nantissement : —

Considérant que Guillot ès noms, en concluant à la confirmation du jugement, reconnaît par la même, avec la décision attaquée, que Barbey et Guyard ont versé, le 1ᵉʳ mars 1865, au failli une somme de 6,000 fr. sur celle de 16,000 fr. portée au contrat ; qu'il n'y a point, dès lors, d'autre question à décider que celle de savoir s'il est vrai, comme l'ont pensé les premiers juges, que le nantissement doive être annulé, soit parce qu'il n'y aurait pas eu tradition effective de l'objet donné en gage, soit parce qu'un commerçant ne saurait donner en gage le droit au bail des lieux où il exerce son industrie ; — Considérant que le droit au bail constitue un meuble purement incorporel, et qu'aux termes de l'art. 2075 le nantissement sur les meubles incorporels s'établit par un acte public ou sous-seing privé, enregistré et signifié au débiteur ; que, cette double formalité ayant été accomplie dans l'espèce, le nantissement a été régulièrement formé ; que dénier aux commerçants le droit de donner en nantissement le bail des lieux où ils exercent leur négoce, c'est créer une indisponibilité de biens qui ne résulte d'aucune loi, et ajouter arbitrairement, en matière de faillite, une cause de nullité à celles qui sont édictées par les art. 446 et suivants C. com. ; — Infirme en ce que le nantissement consenti par l'acte du 1ᵉʳ mars 1865 a été annulé pour le tout ; déclare valable jusqu'à concurrence de 6,000 fr. le nantissement dont il s'agit, etc.

Du 31 mai 1866. — C. de Paris, 2ᵉ ch.— MM. Guillemard, pr.; Ducreux, av. gén.; conf. Maugras et G. Chaix d'Est-Ange, av.

D. 88, I. 351.

Le fonds de commerce constitué par l'exploitation d'un hôtel meublé forme une universalité juridique d'éléments divers, dont les uns, le matériel et le mobilier, sont des meubles corporels, et dont les autres, le titre, l'achalandage, le droit au bail, ont le caractère de meubles incorporels. — C. civ., 528, 529. —

Dans cette universalité juridique, c'est l'enseigne, l'achalandage et le droit au bail, qui jouent le rôle prépondérant, le mobilier proprement dit n'étant que l'instrument de l'exploitation ;

En conséquence, le fonds de commerce pris dans son ensemble doit être considéré, en droit, comme constituant un meuble incorporel ;

A plus forte raison en est-il ainsi quand le juge constate, en fait, que rien n'indique que le matériel ait une valeur supérieure à celle des autres éléments de l'universalité juridique.

Lorsque le fond de commerce dont il s'agit est donné par son propriétaire en nantissement à l'un de ses créanciers, il suffit pour la régularité du contrat et la création du privilège que le débiteur remette son acte d'achat dudit fonds au créancier gagiste, et que celui-ci signifie l'acte de nantissement au bailleur de l'immeuble dans lequel le commerce est exploité. — C. civ., 2074, 2075, 2076. —

Si le titre que le débiteur doit remettre au gagiste est un acte authentique, ce serait ajouter à la loi que de subordonner la régularité de l'opération à la remise de la grosse ; la remise de l'expédition suffit pour effectuer le dessaisissement du débiteur et l'investissement du créancier.

Faillite Robin, c. Poydenot.

En 1873, le sieur Morlot a donné à bail au sieur Bourgeois un immeuble situé à Cannes, pour y établir un hôtel, sous le nom de *Splendide Hôtel*. En 1881, par acte notarié du 22 décembre, Bourgeois a vendu à Robin, moyennant 150,000 francs, le fonds de commerce du *Splendide Hôtel*, c'est-à-dire la clientèle ou achalandage, la dénomination, les meubles servant à l'exploitation, et le droit au bail. Robin, obligé de payer comptant une portion du prix, emprunta au sieur Poydenot une somme de 40,000 fr. qui fut garantie, au terme d'un acte notarié, en date du 27 décembre 1881, de la manière suivante : « M. et Mme Robin, pour garantir à M. Poydenot le remboursement du montant de la présente obligation, lui ont, par ces présentes, remis, à titre de nantissement, en gage le fonds d'hôtel meublé exploité à Cannes, comprenant : 1º la clientèle et l'achalandage proprement dit ; 2º le matériel et le mobilier ; 3º le droit aux baux des lieux où s'exploite le dit fonds. En conséquence, M. Poydenot exercera sur le fonds de commerce à lui remis en gage, et plus particulièrement sur les baux sus énoncés, les droits et privilèges que lui confère la loi, par préférence et priorité à M. et Mme Robin et à tous autres, mais postérieurement à M. Bourgeois, pour ce qui peut rester dû à ce dernier sur le prix d'acquisition. Afin d'assurer à M. Poydenot le privilège résultant du présent nantissement, M. et Mme Robin lui ont remis une expédition du contrat de vente sus énoncé du 27 décembre courant. » Le sieur Poydenot, par un exploit en date du 27 janvier 1882, fit signifier ce nantissement au propriétatre et bailleur de l'immeuble où s'exploitait l'hôtel, le sieur Morlot.

En 1884, le sieur Robin, qui avait continué à exploiter l'établissement de Cannes, mais qui était en même temps maître d'hôtel à Uriage, fut déclaré en faillite. Le sieur Poydenot produisit à cette faillite pour 40,000 fr, en demandant à être admis par privilège, comme créancier gagiste, à raison du nantissement à lui consenti le 27 déc. 1881. Le syndic n'admit pas cette prétention. Le tribunal de commerce de Grenoble, par un jugement en date du 7 août 1884, sanctionna la résistance du syndic. Mais la Cour de Grenoble, aux termes d'un arrêt du 16 avril 1886, déclara, au contraire, bon et valable, le nantissement consenti au sieur Poydenot, et admit celui-ci à la faillite comme créancier gagiste, pour

40,000 fr. et les intérêts, par privilège et préférence aux autres créanciers.

Pourvoi en Cassation par le syndic pour violation et fausse application des art. 2075, 2076 C. civ., 91 et 92 C. comm., en ce que considérant à tort le fonds de commerce le *Splendide Hôtel* de Cannes comme un meuble incorporel, la Cour a déclaré que sans qu'il fut besoin d'une tradition effective, le dit fonds de commerce avait pu être régulièrement donné en gage par la simple remise du titre de Robin à Poydenot, suivie de la signification de l'acte de nantissement au sieur Morlot, propriétaire et bailleur de l'immeuble, alors surtout qu'il n'y a eu aucun dessaisissement de la part de Robin, qui a continué à exploiter personnellement le dit fonds de commerce.

ARRÊT.

La Cour ; — Sur le moyen unique pris de la violation et fausse application des art. 2075, 2076, 2102 C. civ., 91 et 92 C. com. : — Attendu que par acte notarié du 27 déc. 1881, les époux Robin ont, pour sûreté d'un prêt de 40,000 fr., donné en nantissement à Poydenot le fonds de commerce désigné sous le nom de *Splendide Hôtel* par eux exploité à Cannes et comprenant la clientèle et l'achalandage, le droit au bail de l'immeuble, le mobilier et le matériel servant à l'exploitation ; — Attendu que le dit fonds de commerce constituait ainsi une universalité juridique d'éléments divers dont les uns, le matériel et le mobilier, étaient des meubles corporels, et dont les autres, le titre, l'achalandage et le droit au bail avaient le caractère de meubles incorporels ; — Attendu que la partie essentielle d'un fonds de commerce de cette nature est l'enseigne, l'achalandage et le droit au bail ; que ce sont principalement les éléments qui le constituent, et que le mobilier proprement dit n'est qu'un instrument de son exploitation ; — Attendu, d'ailleurs, que l'arrêt attaqué déclare que, dans l'espèce, rien ne permet d'attribuer au mobilier et au matériel une valeur supérieure à celle des autres éléments du fonds de commerce objet du nantissement; — Qu'en jugeant, dans ces circonstances, que le dit fonds de commerce pris dans son ensemble était un meuble incorporel, la Cour de Grenoble n'a violé aucune loi ; — Attendu que lorsque la chose donnée en gage est incorporelle, pour opérer la constitution d'un nantissement et la création d'un privilège, il faut, mais il suffit : 1º que le créancier gagiste ait signifié l'acte de nantissement au débiteur de la chose engagée ; 2º que celui qui constitue le gage ait remis au créancier gagiste le titre établissant son droit sur la chose engagée ; — Que dans ce cas, en effet, la tradition matérielle étant impossible, la mise et le maintien en possession du gage exigés par l'art. 2076, résultent de la remise et de la détention du titre aux mains du créancier ; — Attendu que lorsque ce titre est un acte authentique ce serait ajouter à la loi que d'exiger la remise de la grosse ; — Que la remise d'une expédition suffit pour opérer le dessaisissement du débiteur et l'investissement du créancier et satisfait aux prescriptions légales ; — Attendu qu'il est constaté par l'arrêt attaqué que les époux Robin ont remis à Poydenot, au moment même où le nantissement était par eux consenti, une expédition de l'acte notarié établissant leur droit sur le fonds de commerce du *Splendide Hôtel*, et que Poydenot a, par exploit du 27 janvier 1882, fait signifier l'acte de nantissement au propriétaire de l'immeuble ; — D'où il suit que l'arrêt attaqué, en déclarant que, dans l'espèce le nantissement était régulier et devait produire tous ses effets légaux, n'a fait qu'une exacte application de la loi ; — Par ces motifs rejette.

Du 13 mars 1888, ch. req. MM. Bédarrides, pr.; Lepelletier, rap.; Petiton, av. géné.; c. conf. Clément, av.

Cour de Paris, 21 juillet 1892.

D. P. 93, 2. 108.

Malgré la diversité des éléments dont il se compose, un fonds de commerce n'en est pas moins une chose unique, ayant une existence propre et indépendante de ses parties ;

Et, pour déterminer la nature juridique d'un fonds de commerce, il faut s'attacher à ses éléments essentiels ;

Les éléments essentiels d'un établissement commercial sont le titre, l'enseigne et l'achalandage ; le matériel, les ustensiles et les marchandises ne sont que de simples moyens d'exploitation ;

Le titre, l'enseigne et l'achalandage étant de nature mobilière et incorporelle, il en résulte que le fonds de commerce tout entier a le caractère d'un meuble incorporel ;

...... Alors surtout que telle a été la volonté des parties.

Dès lors, le nantissement d'un fonds de commerce consenti par le propriétaire de ce fonds à un de ses créanciers, a lieu régulièrement, pour toutes les parties du dit fonds, par la seule remise que le débiteur fait au créancier de ses titres de propriété sur le fonds; la signification prescrite par l'art. 2075 C. civ., pour le nantissement des créances, ne peut avoir lieu dans le cas où la chose donnée en gage est la propriété du débiteur et où celui-ci a sur elle un droit réel, absolu, opposable à tous.

Le nantissement du droit au bail des lieux occupés par une personne, et de la somme payée par celle-ci à son bailleur à titre de loyers d'avance, s'opère, comme celui des créances, par la remise que fait le locataire à son créancier par l'acte de bail et par la signification, par ce créancier au débiteur de la chose engagée, c'est-à-dire au bailleur, du contrat de nantissement.

Lesage, syndic de la faillite Rodez, c. Hartmann et Martin.

ARRÊT.

La Cour ; — Considérant que, le 6 septembre 1888, la feue dame Bressin, alors demoiselle Rodez, a acquis des époux Hubert, moyennant le prix de 26,000 fr. dont 10,000 fr. ont été payés comptant, un fonds de commerce de marchand de vins et de gérance de débit de tabac, situé à Paris, cours de Vincennes, nᵒ 86, ainsi que le droit au bail des lieux où s'exploitait le dit fonds de commerce; que treize jours après son acquisition, suivant un acte reçu le 19 septembre 1888, par Mᵉ Augouard, notaire à Paris, la demoiselle Rodez s'est reconnue débitrice envers le sieur Hartmann, négociant distillateur, de la somme de 4,500 fr. et envers le sieur Martin, marchand de vins, de pareille somme de 4,500 fr. pour prêt de 9,000 fr. à elle fait, par chacun d'eux pour moitié, hors la vue du notaire, pour les besoins de son commerce; que, pour garantir aux sieurs Hartmann et Martin, le paiement de la dite somme de 9,000 fr. et le service de ses intérêts, la demoiselle Rodez leur a, par le même acte, donné en nantissement : 1ᵒ le fonds de commerce par elle acquis des époux Hubert, le dit fonds pris comme droit incorporel, ensemble le matériel, les ustensiles et marchandises affectés à son exploitation et devant être considérés comme formant avec ce droit un seul tout; 2ᵒ le droit au bail des lieux occupés par le fonds de commerce; 3ᵒ la somme de 1,750 fr. montant de loyers payés d'avance et imputables sur les six derniers mois de jouissance du bail; — Que les formalités accomplies pour saisir les sieurs Hartmann et Martin de leur gage, ont consisté dans la remise qui leur a été faite des actes de vente et de cession de bail consentis à la demoiselle Rodez et dans la signification qu'ils ont fait faire du contrat de nantissement au bailleur des locaux où s'exploitait le fonds de commerce ; — Que, malgré le concours financier qui lui a été prêté par les sieurs Hartmann et Martin, la demoiselle Rodez, devenue femme Bressin, a été déclarée en état de faillite le 25 février, 1890, après avoir vendu son fonds de commerce à un sieur Bernard pour le prix de 26,507 fr. 90 cent, et ne laissant pour tout actif que sa créance contre ce dernier ; — Que le sieur Hartmann a demandé son admission au passif de la faillite comme créancier gagiste pour la somme de 4,500 fr. et comme créancier chirographaire pour 1,757 fr. 85 cent. ; — Que le sieur Martin a également produit, en demandant son admission par privilège pour 4,500 fr. et chirographaire pour 3,317 fr. 85 cent. ; — Que le privilège réclamé par les sieurs Hartmann et Martin est contesté par le syndic de la faillite par les motifs : que le nantissement est un contrat réel ; qu'il n'emporte privilège sur le gage qu'autant que le gage a été mis et est resté en la possession du créancier ou d'un tiers convenu entre les parties ; que la demoiselle Rodez ne s'est pas dessaisie de son fonds de commerce ; qu'elle a continué à l'exploiter à ses risques et périls et qu'elle en a si bien conservé la libre disposition qu'elle a pu l'aliéner sans rencontrer d'opposition de la part des sieurs Hartmann et Martin ; que ces derniers n'ont pu acquérir de privilège sur une chose dont ils n'ont jamais été nantis ; que s'il en était autrement, la bonne foi des tiers serait trompée, aucun signe extérieur ne pouvant leur révéler l'existence d'un nantissement constitué dans de semblables conditions ; qu'en outre le sieur Martin ne justifie pas que la créance, pour laquelle il demande son admission privilégiée, au passif de la faillite, soit la même que celle qui a été garantie par le nantissement du 19 septembre 1888 ;

En ce qui touche l'origine de la créance du sieur Martin.

— Considérant que, pour faciliter aux sieurs Hartmann et Martin la négociation de leur créance, la demoiselle Rodez s'était obligée à leur souscrire des effets de commerce ou a accepter des traites pour une somme égale au montant de sa dette envers eux ; que le sieur Martin expose que les mandats, en vertu desquels il a produit à la faillite, représentent, jusqu'à concurrence de 4,500 fr. le prêt de pareille somme qu'il a fait à la demoiselle Rodez et pour sûreté de laquelle elle lui a donné son fonds de commerce en nantissement ; que la sincérité de cette déclaration saurait d'autant moins être suspecte qu'au lieu d'appuyer sa demande sur les mandats dont il est porteur, le sieur Martin aurait pu invoquer l’obligation qui a été souscrite à son profit par la demoiselle Rodez et dont le syndic ne prouve pas qu’elle se soit libérée ; — qu’il y a donc lieu de décider que la créance du sieur Martin provient jusqu’à concurrence de 4,500 fr. du prêt qu’il a fait à la demoiselle Rodez et qui a donné lieu au nantissement du 19 septembre 1888.

Sur la validité du nantissement du droit au bail et de la somme de 1,750 fr. payée à titre de loyers d’avance ; — Considérant que le contrat de louage engendre des obligations réciproques de la part du bailleur et du preneur ; qu’aux termes des articles 2071, 2075, 2076 Code civ., le nantissement des créances s’opère par la remise du titre aux mains du créancier ou d’un tiers convenu entre les parties et par la signification du contrat de nantissement au débiteur de la créance donnée en gage ; que le nantissement du droit au bail des lieux occupés par la demoiselle Rodez et de la somme de 1,750 fr. payée par elle à titre de loyers d’avance a été accompagné de la première de ces formalités et suivi de la seconde ; que les sieurs Hartmann et Martin ont donc été régulièrement nantis du droit en vertu duquel la demoiselle Rodez pouvait contraindre le bailleur à l’exécution de ses obligations et lui réclamer, le cas échéant, la restitution des six mois de loyer qu’il avait reçu d’avance.

Sur la validité du nantissement du fonds de commerce y compris le matériel et les ustensiles et marchandises affectés à son exploitation. — Considérant que, malgré la diversité des éléments dont il se compose, un fonds de commerce n’en est pas moins une chose unique, ayant une existence propre et indépendante de ses parties ; que, pour déterminer la nature juridique de cette chose, les principes généraux du droit commandent de s’attacher à ses éléments essentiels, de leur accorder la prédominance sur ceux qui ne sont qu’accessoires ; — Que les éléments essentiels d’un établissement commercial, ceux qui en constituent réellement le fonds, sont le titre, l’enseigne et l’achalandage, sans lesquels il ne saurait subsister dans son identité ; que le matériel, les ustensiles et les marchandises, simples moyens d’exploitation qui peuvent être changés ou modifiés sans que l’existence même du fonds de commerce en soit affectée, n’en sont que les éléments accessoires ; que le titre, l’enseigne et l’achalandage étant de nature mobilière et incorporelle, il en résulte que le fonds de commerce tout entier revêt le même caractère ; que telle d’ailleurs, a été la volonté des parties, et que l’on ne saurait lui attribuer un autre caractère sans dénaturer leur convention; — Qu'aux termes de l'article 2071 Code civil, le nantissement s'opère par la remise au créancier de la chose qui lui a été donnée en gage; que les meubles incorporels n'étant pas susceptibles d'appréhension physique, leur tradition ne peut s'effectuer que par la remise des titres qui en sont la représentation; que les sieurs Hartmann et Martin ont donc été régulièrement nantis par la représentation que la demoiselle Rodez leur a faite de ses titres de propriété sur le fonds de commerce qu'elle a donné en gage; que, s'il en était autrement, le nantissement d'un établissement commercial serait impossible; qu'en effet, la signification prescrite par l'art. 2075 pour le nantissement des créances, ne peut avoir lieu dans le cas où la chose donnée en gage est la propriété du débiteur, et où il a sur elle un droit réel, absolu, opposable à tous; que la loi ayant décidé qu'en cas de vente, la tradition des choses incorporelles se fait par la remise des titres, il y a lieu d'admettre, par analogie de motifs, que cette même remise de titres est suffisante en cas de nantissement; que le syndic objecte vainement qu'en tout cas, le nantissement n'a pu s'établir sur le matériel et les marchandises puisqu'ils auraient pu être livrés effectivement aux sieurs Hartmann et Martin; que le nantissement régulièrement constitué sur les éléments incorporels du fonds de commerce s'est virtuellement étendu sur ses éléments corporels, ceux-ci se confondant avec ceux-là et ne formant ensemble qu'un seul et même tout; que l'objection tirée par le syndic de la difficulté pour les tiers de connaître un nantissement constitué par une simple remise de titres n'est pas mieux fondée en droit; que quelle que soit en fait, la réalité du danger signalé par le syndic, la loi est restée muette sur les moyens de le prévenir, et qu'il n'appartient pas aux juges d'ajouter à ses dispositions;

Par ces motifs, confirme, etc.

Du 21 juillet 1892. — C. de Paris, 3e ch.— MM. Boucher-Cadart, prés.; Jacomy, av. gén.; Loustauneau et Droz, avoc.

D. 96. 2. 471.

Le créancier qui reçoit en nantissement un fonds de commerce en est valablement saisi par la remise qui lui est faite des titres de propriété du débiteur et du bail des lieux, ainsi que par la signification au bailleur du contrat de nantissement — C. civ., art 1607, 2076. —

Et cette mise en possession est suffisante, non seulement

quant au fonds de commerce lui-même, mais encore quant aux meubles corporels servant à son exploitation, qui en sont les accessoires et forment avec le fonds un ensemble indivisible;

Par suite, la vente du fonds de commerce et de ses accessoires, consentie par le débiteur à un tiers postérieurement à cette tradition, ne peut faire échec au privilège du créancier gagiste.

...... Alors surtout qu'il résulte des circonstances de la cause que cette vente, consentie à vil prix et sans remise de titres, n'a été qu'une manœuvre destinée à frustrer les créanciers du vendeur.

La femme mariée commerçante peut, sans autorisation spéciale donner son fonds de commerce en nantissement pour sûreté des dettes contractées par elle dans l'exercice de son commerce.

Les actes de commerce auquel une femme se livre sans opposition de la part de son mari doivent être considérés comme couverts par son autorisation tacite.

Demoiselle Clément, c. Jolivet.

ARRÈT

La Cour; — Au fond; — Sur les conclusions des parties : — Considérant qu'un fonds de commerce est un meuble incorporel dont la tradition s'opère, aux termes de l'art 1607 C. civ., soit par la remise des titres, soit par l'usage qui en est fait du consentement du propriétaire; — Qu'en cas de vente ou de nantissement d'un fonds de commerce avec les meubles corporels qui le garnissent ou servent à son exploitation, ceux-ci n'en sont que les accessoires, et forment avec lui un ensemble indivisible dont la tradition s'effectue en même temps et de la même manière que celle du fonds de commerce lui-même; — Que la demoiselle Clément à laquelle la dame Multin a donné en nantissement l'établisssment de bouillon restaurant qu'elle exploitait rue du Four-Saint-Germain, y compris l'enseigne la clientèle, l'achalandage, le matériel et les marchandises, a donc été valablement saisie du tout par la remise qui a été faite des titres de propriété de la dame Multin et du bail où elle exerçait son commerce, et par la signification du contrat de nantissement aux bailleurs des dits lieux; — Que, par suite, la vente que la dame Multin en a ultérieurement faite à Jolivet n'est pas opposable à la demoiselle Clément et ne peut faire échec au privilège attaché à sa qualité de créancier gagiste ; — Qu'il résulte d'ailleurs des faits et circonstances de la cause que cette vente, consentie à vil prix et sans que la dame Multin pût remettre à son acquéreur les titres justificatifs de ses droits sur la chose vendue, n'a été qu'une manœuvre concertée entre elle et Jolivet à l'effet de frustrer ses créanciers et de paralyser les poursuites dont elle était menacée ; — Que c'est donc à juste titre que la demoiselle Clément demande que la vente soit annulée comme faite en fraude de ses droits et réclame à la dame Multin et à Jolivet des dommages-intérêts — Considérant d'autre part, que Malle, syndic de la faillite déclarée de la dame Multin, ne prouve pas que la dite dame soit encore dans les liens du mariage ; — Qu'y fut-elle, les actes de commerce auxquels elle s'est livrée, sans opposition de la part de son mari devraient être considérés comme ayant eu lieu avec son autorisation tacite et que même dans cette hypothèse, elle aurait pu, sans une autorisation spéciale, donner son fonds de commerce en nantissement pour la sûreté des dettes contractées par elle dans l'exercice de son commerce ; .

Par ces motifs, infirme.

Du 6 juin 1896. — C. de Paris, 3e ch., MM. Thiriot, f. f. pr. ; Van Cassel, subst. ; Ricaud, Marcel Habert et Dufraisse, avocats.

M. J., Cour de Paris, 3e ch., présidence de M. Thiriot, audience du 4 janvier 1896. — *Nantissement.* — *Fonds de commerce.* — *Dessaisissement.* — *Validité.*

Un fonds de commerce peut-être donné en gage, si la constitution de gage est accompagnée des formalités propres à la la rendre opposable aux tiers, notamment lorsqu'il s'agit d'une chose incorporelle, comme un fonds commerce, de la remise du titre de propriété, du bail et de la signification du contrat au bailleur.

Ainsi jugé sur les plaidoieries de Mes Droz et Lecouturier :

« La Cour,

« Considérant que suivant acte sous-seing privé, en] date du 30 juin 1893, enregistré le 8 juillet suivant, les époux Kuntz, marchands de vins-traiteurs à Paris, se sont reconnus débiteurs de 16,198 francs envers Ligneau frères et Hartmann; et, pour assurer à ceux-ci le paiement de la dite somme, leur ont cédé et transporté à titre de gage, en nantissement : 1o le fonds de commerce par eux exploité boulevard Bourdon,

35, y compris le matériel et les marchandises le garnissant;
2° leur droit au bail des lieux où s'exerçait leur commerce; la
somme de 1,000 fr. par eux payée d'avance à Leroux. propriétaire de ces lieux; aux termes du dit acte signifié à Leroux,
par exploit du 21 juillet 1893, le nantissement consenti à
Ligneau frères et à Hartmann a porté, non sur le fonds de
commerce des époux Kuntz et sur le matériel et les marchandises considérées isolément, mais sur tous ces objets
réunis, et confondus en une seule et même universalité;
qu'une telle convention n'est contraire ni à la loi ni à l'ordre
public, et doit, par conséquent recevoir son entière exécution,
lorsqu'elle est accompagnée des formalités propres à la
rendre opposable aux tiers; que le caractère juridique d'une
universalité de fait, ainsi créée par la volonté des parties ne
peut être autre que celui de son élément principal et essen-
tiel;

« Que, dans l'espèce, cet élément a consisté dans le fonds
de commerce dont ce matériel et les marchandises n'étaient
que l'accessoire, et se sont confondus avec lui dans un
ensemble de nature mobilière et incorporelle; qu'il en doit
d'autant mieux être ainsi, que la valeur pécuniaire du fonds
de commerce des époux Kuntz était de beaucoup supérieure
à celle du matériel, de l'agencement, et des marchandises
servant à son exploitation;

« Qu'il résulte des dispositions des art. 689, 1690, 2075
C. civ., et 91 § 4 C. com., que le principe d'après lequel le
privilège ne subsiste sur le gage qu'autant que ce gage a été
mis et est resté en la possession du créancier, ou d'un tiers
convenu entre les parties, reçoit son exécution, en ce qui
concerne les meubles incorporels, par la remise du titre
constitutif du droit donné en gage, et par la signification du
contrat de nantissement au débiteur, lorsque ce droit consiste en une créance;

« Que Ligneau frères et Hartmann ont donc été saisis de
leur gage, tant à l'égard des tiers, qu'à l'égard des époux
Kuntz, par l'accomplissement de ces formalités; que, par
suite, c'est à bon droit qu'Ozouf, devenu l'acquéreur du
fonds de commerce des époux Kuntz et de ses accessoires, a
considéré Ligneau frères et Hartmann comme ayant un privilège et un droit de préférence sur Boulé, simple créancier
chirographaire des époux Kuntz et leur a soldé le montant
intégral de leur créance, au détriment de ce dernier;

« Qu'il n'est pas exact de dire que Ligneau frères et Hartmann s'étaient dessaisis de leur gage lorsqu'ils ont reçu leur

paiement des mains d'Ozouf; qu'ils sont restés, jusqu'au dernier moment, nantis des titres constitutifs de leurs droits et ne les ont remis à Ozouf que contre le remboursement de de la somme à eux due par les époux Kuntz;

« Par ces motifs,

« Met l'appellation et ce dont est appel à néant; émendant, décharge Ligneau frères, Hartmann et Ozouf des dispositions et condamnations contre eux prononcées;

« Et faisant droit par décision nouvelle;

« Dit Boulé mal fondé dans toutes ces demandes, fins et conclusions, tant principales que subsidiaires;

« L'en déboute;

« Ordonne la restitution de l'amende consignée sur l'appel;

« Condamne Boulé en tous les dépens faits sur les causes de première instance et d'appel. »

———

M. J., Cour de Paris, 3e ch., présidence de M. Boucher-Cadart. Audience du 28 octobre 1896. — *Nantissement.* — *Fonds de commerce.* — *Meuble incorporel.* — *Remise au créancier gagiste des titres établissant les droits du débiteur.*

Si un fonds de commerce, comprenant un mobilier industriel, un achalandage et un droit au bail, peut être considéré, dans son ensemble, comme formant un meuble incorporel, qui peut être donné en nantissement, il faut, pour que le nantissement soit valable et produise ses effets, que le créancier gagiste soit mis en possession de tous les titres établissant les droits du débiteur sur l'objet du gage au moment où la convention intervient.

ARRÊT

« La Cour,

« Considérant que, si un fonds de commerce, comprenant un mobilier industriel, un achalandage et un droit au bail, peut être considéré, dans son ensemble, comme formant un meuble incorporel qui peut être donné en nantissement, il faut, pour que le nantissement soit valable et produise ses effets, que le créancier gagiste soit mis en possession de tous les titres établissant les droits du débiteur sur l'objet du gage au moment où la convention intervient;

« Considérant qu'en l'espèce, la remise des titres nécessaires pour opérer le dessaisissement du débiteur et la prise de possession du créancier gagiste et assurer à celui-ci l'existence de son privilège, n'a pas été régulièrement faite, qu'en effet, l'acte de nantissement constate que le gagiste a été mis immédiatement en possession : 1° du bail consenti aux époux Baurin ; 2° de l'acte d'acquisition du fonds par les dits époux Baurin ; 3° du procès-verbal d'adjudication du même fonds au profit de la veuve Baurin ; que ces titres sont des titres anciens, mais que le seul titre qui avait une importance et qu'il était indispensable de remettre à Abadie-Colin était le contrat de mariage de ladite veuve Baurin avec Henry ; qu'en effet, aux termes de l'art. 4 de ce contrat, la dame veuve Baurin a fait vente du fonds de commerce, objet du litige, à la communauté, à charge de lui tenir compte d'une somme de 46,000 fr. ; que le contrat établit seul les droits d'Henry et qu'il n'est pas prouvé qu'Abadie-Colin ait été mis en possession dudit titre au moment de la convention de nantissement passée entre lui et les époux Henry ;

« Considérant que, dans ces conditions, les prescriptions des art. 1607 et 2076 Code civil n'ont pas été observées ; que, dès lors, et sans qu'il y ait lieu d'examiner les autres conclusions prises par les parties, il échet de confirmer la décision des premiers juges ;

« Par ces motifs, et sans adopter d'ailleurs ceux donnés par les premiers juges ;

« Met l'appellation à néant ;

« Ordonne que ce dont est appel sortira son plein et entier effet ;

« Condamne Abadie-Colin à l'amende et aux dépens ; »

M. J., 21 juillet 1897. Trib. civ. de Lyon. Caractères du commerce. — Jugement, Ruinart de Brimont contre Guillard, succession Allard.

Attendu que deux des créanciers qui ont produit devant M* Verzier, avoué-séquestre de la succession Allard émettent la prétention d'être colloqués par privilège ; que tout le procès consiste à examiner la légitimité de cette double prétention ;

Attendu en ce qui concerne Guillard qui prétend au privilège de vendeur de l'article 2102 § 4 ; que ce privilège n'appartient nullement à Guillard ; qu'il faisait partie d'une Société Allard et Cⁱᵉ qui exploitait à Lyon, rue de la République, 77, la « *Taverne du Coq-d'Or.* » que cette Société a été dissoute, et que, par acte du 4 juillet 1893 reçu Me Chardiny, notaire à Lyon, Guillard a cédé tous ses droits dans la dite Société dissoute, à Allard, moyennant un prix de 36,000 francs payable en diverses annuités dont la plupart n'ont pas été payées ; — que Guillard se dit créancier encore de ce chef de la somme de 29,077 francs 25 centimes en principal ; — qu'il suit de ces circonstances de fait que Guillard n'a pas vendu à Allard la *Taverne du Coq-d'Or*, le fonds de commerce qui a été vendu après le décès d'Allard et dont le prix est actuellement en distribution, mais lui a seulement cédé les droits qu'il avait dans la Société dissoute ; qu'il a été seulement un co-associé sortant d'indivision par la cession de sa part dans la Société :

Qu'il pourrait peut être prétendre à un privilège de co-partageant s'il en existait sur les meubles, mais non à un privilège de vendeur sur le prix d'un fonds de commerce qui n'a jamais été vendu par Guillard puisqu'il na jamais appartenu à ce dernier, mais à une Société dont il faisait partie.

Attendu d'ailleurs, que cette prétention de Guillard, qui se trouve dans ces conclusions, n'a pas été soutenue aux débats ;

Attendu, en ce qui concerne Ruinard de Brimont qui prétend au privilège du créancier gagiste prévu par le paragraphe 2 du même article 2102 sus énoncé, qu'il est admis à bon droit par une jurisprudence constante : qu'un fonds de commerce peut être donné en gage par le débiteur à son créancier, mais à deux conditions : — c'est que d'abord le créancier aura été saisi du gage par la remise des titres de propriété du fonds et du bail des lieux, qui par la transmission du droit au bail, quand elle y est autorisée, permet de vendre le fonds et de réaliser sa valeur vénale, et en outre que cette tradition aura été suivie de la signification du contrat de gage au propriétaire des lieux où s'exerce le fonds de commerce, signification qui est faite, par analogie à celle prescrite par l'article 1690 du même Code, pour le transport des créances et qui a pour but d'avertir les tiers que, par suite de cette constitution du gage, le patrimoine du débiteur commun se trouve diminué d'autant ;

Attendu qu'il est constant au procès que cette signification du contrat de gage n'a pas été faite par Ruinard de Brimont dans des conditions régulières et légales ;

Qu'elle a été faite par exploit de Boniface, huissier à Lyon, du 15 mai 1896, mais se trouve nulle, d'une nullité absolue, aux termes de l'article 61 § 2 du Code de procédure civile, comme n'ayant pas été faite au domicile de Guillard; qu'elle a été faite à la *Taverne du Coq-d'Or,* rue de la République, n° 77, à Lyon, et que la copie a été remise à madame Allard, qui tenait en effet cet établissement, tandis que Guillard était domicilié à Rully (Saône-et-Loire).

Que Ruinard de Brimont ne saurait prétexter d'ignorance, sur ce point car, dans le titre de propriété du fonds de commerce, acte de cession du 4 juillet 1893 sus énoncé, qui lui a été remis au moment de la constitution du gage, Guillard figurait comme domicilié à Rully (Saône-et-Loire) et non à Lyon;

Que de plus, le 12 mai 1896, trois jours avant la signification Ruinard de Brimont écrivait à Gaillard à Rully (Saône-et-Loire);

Attendu sans doute, qu'il peut être vrai, comme il a été articulé aux débats, que cette signification irrégulière et même nulle soit parvenue ultérieurement à Guillard par la remise que la dame Allard a pu lui en faire; mais que ce fait, s'il existe, n'a pu remédier au vice de la constitution du gage, qui ne peut être valable vis-à-vis les tiers que par une signification régulière qui avertit les tiers que le débiteur commun n'a plus la même solvabilité;

Qu'il est manifeste que la remise de la signification irrégulière à Guillard, si elle a eu lieu, n'a aucune date certaine et que le passif de la succession Allard a pu augmenter avant cette remise;

Attendu que la constitution de gage se trouve encore viciée à un autre point de vue.

Qu'une des conditions de la validité du gage, ainsi qu'il a été dit plus haut, est la remise au créancier gagiste des titres de propriété et du bail, sans lequel il n'y a point de clientèle, d'achalandage et par conséquent de fonds de commerce;

Or, l'acte de constitution du gage du 10 septembre 1894 passé devant Tiénot et son collègue, notaires à Reims, ne constate que la remise à Ruinart de Brimont du titre de propriété c'est-à-dire de la cession du 4 juillet 1893, mais non la remise d'aucun bail; d'où il suit que Ruinard de Brimont n'a pas été régulièrement saisi de l'objet donné en gage et n'est pas devenu créancier gagiste;

Attendu que ces motifs suffisent à la solution du procès;

Attendu que les parties en cause se réservent de discuter devant le séquestre la quotité des droits des produisants, le procès n'existant que sur les prétentions à une situation privilégiée;

Par ces motifs :

Le tribunal, parties ouïes, ensemble M. Paturet, substitut en ses conclusions, jugeant en premier ressort et matière sommaire, reçoit comme régulière en la forme et justifiée au fond l'intervention des parties de Me Fonbonne, avoué, rejette la prétention de Guillard et de Ruinard de Brimont d'être colloqués par privilège sur les fonds en distribution devant le séquestre Verzier; dit au contraire que tous les créanciers produisants viendront au marc le franc et que le travail de séquestre sera modifié en ce sens; réserve aux parties en cause de discuter le chiffre de ce qui peut être dû aux produisants. Fait masse des dépens qui seront tirés en privilégiés de séquestre en fait distraction aux avoués de la cause sur leur affirmation de droit.

INDEX

BIBLIOGRAPHIE

D. A. V⁰ Nantissements, N⁰ˢ 70, 120, 144.
D. Supp. V⁰ Nantissements, N⁰ 91.

JURISPRUDENCE

D. P. 52, 2, 218, Paris, 26 juillet 1851. Boulanger.
D. P. 53, 2, 15, Paris, 26 février 1852.
D. P. 59, 1, 167, Cass., 13 avril 1859. Maison Dorée.
D. P. 61, 1, 417, Req., 6 mars 1861.
D. P. 60, 2, 190. Maison Dorée.
D. P. 67, 2, 10, Paris, 11 avril 1866.
D. P. 88, 1, 351, Req., 13 mars 1888. Splendide Hôtel.
D. P. 86, 1, 407.
D. P. 93, 2, 108. Marchand de vins.
M. J., 30 mars 1896. Cour de Paris, 4 janvier 1896.
D. P. 96, 2, 471, Cour de Paris, 6 juin 1896.
M. J., 28 août 1896. Vente après nantissement.
M. J., 11 janvier 1897. Cour de Paris, 22 octobre 1896.
M. J., 21 juillet 1897. Tribunal civil de Lyon. Caractères du
fonds de commerce. Cour de Lyon, 2 juillet 1891.

LÉGISLATION

Loi du 1ᵉʳ mars 1898 modificative de l'article 2075 du Code civil.

EXPLICATION DES ABRÉVIATIONS

D. P. . . . . *signifie :* DALLOZ Périodique.
D. A. V⁰   —   DALLOZ Alphabétique Verbo.
D. Supp. V⁰   —   DALLOZ Supplément Verbo.
M. J.   —   *Moniteur Judiciaire de Lyon.*

Lyon. — Imp. THORINAUD, 19, Rue du Plat.